Volker Präkelt

BAFF! Wissen

Pirat voraus, Käpten Klaus!

Was die wilden Seeräuber auf den Meeren trieben und warum Störtebeker zweimal den Kopf verlor

Mit Illustrationen von Derek Roczen

Arena

Volker Präkelt wollte nie Pirat werden, sondern lieber Autor und Regisseur. Schon immer faszinierten ihn die Geschichten von Kapitän Blackbeard und Henry Morgan, sodass er das Hörspiel „Das abenteuerliche Leben der Piraten" schrieb. Dafür erhielt der BAFF-Autor den ARD-Kinderhörspielpreis.

Derek Roczen ist studierter Künstler und Trickfilmzeichner. Er illustriert Bücher wie die beiden BAFF-Bände „Zicke, zacke, Dinokacke!" und „Mensch, Mammut!" mit Leidenschaft und entwickelt Trickfilmbeiträge fürs Fernsehen (3sat, arte). Seine Kurzfilme „Captain Bligh" und „Bärenbraut" wurden auf vielen Festivals gezeigt.

Rocco ist ein Papagei, den es bei einem Piratenüberfall schwer erwischt hat. Jetzt hat er ein Holzbein. Eine große Klappe sowieso! Mit Flüchen und Schimpfwörtern verjagt er jeden, der nicht an Bord gehört.

Marti ist ein echter Feuchtnasenaffe – ein Katta – mit einer besonderen Fellzeichnung. Er lebte friedlich auf der Pirateninsel Madagaskar, bis er auf ein Segelschiff geriet. An die Schaukelei hat er sich immer noch nicht gewöhnt.

Gefährliche Piraten gab es zu allen Zeiten und auf allen Meeren. Sie sahen ganz unterschiedlich aus.

Inhalt

- **4** Endlich Pirat
- **6** Wer mit dem Feuer spielt
- **10** Han'se mal'n Goldstück? Frühe Piraten
- **14** Wenn einer zweimal den Kopf verliert
- **18** Totenschädel! Kanonen! Enterhaken!
- **22** Henry Morgans Wundarzt packt aus
- **26** Mau-Mau in der Hölle
- **30** Der Untergang der Whydah
- **34** Expedition Piratenschatz! Ein Taucher bewirbt sich
- **38** Klar zum Entern, Mary-Anne!
- **42** Meuterei und große Kasse – So ging's bei den Piraten zu
- **46** Kapitän Blackbeards letzter Tag
- **50** Ich bin so gern Pirat
- **52** Affenschwanz und Pfeffersack – Wer flucht am schönsten?
- **54** Alarm auf dem Frachtschiff
- **58** Käpten Jack lüftet sein Geheimnis
- **60** Die berühmtesten Piratenkapitäne
- **62** Martis Museumstipps

Endlich Pirat

„Setz deine Kappe auf, Frederick!", ruft Mama mir nach, „sonst kriegst du einen Sonnenstich." Ich gehe an Bord der *Störtebeker*. Auf dem nachgebauten Piratenschiff darf ich mit meinen besten Freunden meinen zehnten Geburtstag feiern. Mit schwarzen Segeln und ganz ohne Eltern. Noch hängt der „Jolly Roger" schlapp vom Mast. Windstill ist es und heiß in der Lübecker Bucht. Der Kapitän, ein wilder Typ mit schwarzem Bart, wirft den Motor an.

Und dann? Ich erinnere mich nur, wie mir kotzübel wurde. Vielleicht von der Torte mit dem Totenschädel. Oder doch ein Sonnenstich? Ich wache in einer stickigen Kajüte auf und vor mir sitzt – ein waschechter Pirat.
„Nenn mich Käpten Jack, Landratte", brummt er in seinen Bart. „Wie wär's mit einem Schluck Rum?" Ich schüttele den Kopf. Er kneift die seeblauen Augen zusammen. „Du siehst aus, als hättest du ein paar Fragen, mein Junge … oder?" Ich nicke. Bestimmt träume ich. „Na, dann schieß mal los", sagt Käpten Jack.

Frederick

„Piraten der Karibik" auf DVD mit Mama und Papa – das war das Allergrößte. Vor Aufregung bekam ich rote Ohren. Seitdem verschlinge ich alles, in dem ein Jolly Roger im Wind flattert. Zu gern würde ich mal einen Piraten von damals treffen.

Käpten Jack

Kannst du haben, du blasse Schwertfischmade! Ein bisschen Wind um die Ohren könnte dir nicht schaden. Während der Fahrt erzähle ich dir alles, was ich weiß. Ich, Käpten Jack, Kommandeur der Seestern und Herr der sieben Meere!

Rocco plappert los

Jolly Roger, das englische Wort für Piratenflagge, kommt eigentlich aus dem Französischen: Joli Rouge heißt „hübsches Rot". Angeblich waren die ersten Piratenflaggen nämlich rot – wie Blut. Ob rot, schwarz oder veilchenlila: Flatterte der Totenschädel am Mast, bekamen die Offiziere auf den Handelsschiffen einen Höllenschreck.

Feuer für den Kapitän

Die Erfindung der Rumkugel

Wer mit dem Feuer spielt

Wilde Piratengeschichten wie diese erzählte man sich auf allen Weltmeeren. Was ist wahr, was ist Seemannsgarn?

Der gefährliche Kapitän Blackbeard

Kapitän Blackbeard – das heißt Schwarzbart – wurde als Edward Teach in der englischen Stadt Bristol geboren. Bald galt er als der gefährlichste Piratenchef zwischen Karibik und Alaska. Er steckte sich tatsächlich brennende Lunten in den Bart, um seine Gegner zu erschrecken. Mit Weihnachten hatte er nichts am Hut – die Hölle war ihm wohl lieber. Er nahm Geiseln und tauschte sie gegen Schmuck oder Medizin. 1718 gingen seine Lichter aus – Blackbeard wurde von Marinesoldaten überwältigt. Was genau geschah, kannst du auf Seite 46 lesen.

So stellte man sich früher Kapitän Blackbeard vor.

Marti meutert

Die Flagge des Höllenburschen zeigte wirklich einen Teufel! Blackbeards Gegner hatten schon Schiss hoch drei, wenn sie ihn nur durchs Fernrohr sahen. Sein Schiff wurde 1996 an der Ostküste Amerikas gefunden. Es hieß Queen Anne's Revenge, auf Deutsch „Königin Annes Rache".

Der Freibeuter Henry Morgan

Im Jahr 2001 fanden Forscher die Überreste eines Dreimasters vor der Küste Haitis. An den Kanonen erkannten sie, dass es sich um ein Schiff von Henry Morgan handelte – die *Jamaica Merchant*. Dass auf Morgans Party geballert wurde, ist natürlich Seemannsgarn. Wahr ist aber, dass der gute Henry ein listiger englischer Freibeuter war. Der englische König drückte ein Auge zu und verdiente schön mit. Sein königlicher Auftrags-Pirat schaffte es sogar, 36 Schiffe klarzumachen und die Stadt Panama einzunehmen – mit Blasen an den Füßen: Bis die Piraten die Stadt erreichten, mussten sie einen neuntägigen Fußmarsch hinlegen.

Rocco plappert los

Häh? Da stimmt was nicht im Piratennest!

Übrigens dachte sich genau dieser Henry Morgan eine Art Versicherung für Piraten aus: Für den Verlust eines Auges oder eines Fingers gab es 100 Piaster, für ein Holzbein sogar 400 als Entschädigung. Teufel auch – darauf warte ich heute noch!

Han'se mal'n Goldstück?
Frühe Piraten
Frederick befragt Käpten Jack

Frederick: Huch? Wo bin ich?

Käpten Jack: Schau dich um. Was siehst du?

Frederick: Bücher, Fässer, dunkles Holz und runde Wände – in einer Hobbit-Höhle?

Käpten Jack: Tausend blutrünstige Höllenhunde! Setz mal deinen Verstand ein. Du befindest dich in der Kapitänskajüte. Und ich bin …

Frederick: Käpten Jack. Jetzt fällt's mir wieder ein. Welches Jahr haben wir?

Käpten Jack: Äh – 1744. Eigentlich sollte ich jetzt feiern. Gerade habe ich die Welt umsegelt. Aber einiges ging schief. Ach, lassen wir das erst mal. Ich fang lieber von vorne an. Bei den allerersten Piraten. Und die, mein Junge, trieben ihr Unwesen schon im alten Ägypten, in Griechenland und an römischen Küsten.

Frederick: Aber garantiert noch ohne Piratenflagge. Was ist mit den Wikingern? Die machten mit ihren Drachenbooten doch ganz Nordeuropa unsicher.

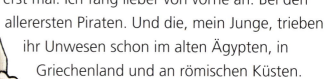

Käpten Jack: Ihre große Zeit war von 800 bis 1050 nach Christus. Und – beim Klabautermann! – das waren wilde Hunde. Raubten alles, was auf ihre schnellen Schiffe passte. Oder blieben gleich da und kassierten die Hafenstädte ein. Die nannte man später Hansestädte.

Frederick: Weiß ich doch. Städte wie Hamburg und Lübeck gehörten zu einem großen Kaufmannsbund, der Hanse. Äh – und woher kommst du?

Käpten Jack: Aus England. Über deine Piraten-Vorfahren weiß ich trotzdem Bescheid. Zum Beispiel über diesen Klaus ...

Frederick: Störtebeker! Ein Kaperfahrer. Er hatte einen Kaperbrief, der ihm erlaubte, Schiffe im Dienste des schwedischen Königs auszurauben. Später machte er mit anderen Seeräubern sein eigenes Ding. Sie nannten sich Vitalienbrüder oder auch Likedeeler – das heißt Gleichteiler. Die Beute wurde unter ihnen aufgeteilt, der König ging leer aus.

Käpten Jack: Ja, ja. Ein netter Junge, dieser Klaus. Fast wie Robin Hood. Nimmt's den Reichen und gibt's den Armen. Wenn du mich fragst – nichts als Geschwätz.

Störtebeker-Festspiele auf Rügen! Diese Kogge ist ein Nachbau.

Frederick: Immerhin zitterten die Hansestädte vor ihm – und wehrten sich. Sie ließen eine ganze Flotte bauen, um ihn und die Vitalienbrüder zu bekämpfen. Für Störtebeker ging das schlimm aus – Rübe ab! Das war 1401.

Käpten Jack: Autsch! Aber die Sache mit Störtebeker hat einen gewaltigen Haken. Manche Leute glauben, dass es ihn nie gab.

Frederick: Unsinn! Ein Hamburger Museum hat sogar seinen Schädel ausgestellt!

Käpten Jack: Na und? Wer sagt dir denn, dass der Totenkopf echt ist, du Leichtmatrose? Zumindest gilt eins als sicher: Diese „Gleichteiler" sollen mal über 300 Schiffe verfügt haben. Das ist eine Menge, beim Klabautermann!

Rocco plappert los

Und ich dachte, diese Vitalienbrüder, das wären Vitali und Wladimir Klitschko. Wieder was dazugelernt! Über das Ende von Käpten Klaus gibt es jede Menge Schauergeschichten. Zu gruselig für Kinder. Hä? Höre ich da Protestgeschrei? Also gut, ich versuch's. Nachdem die Likedeeler einen Kopf kürzer waren, soll Störtebeker noch eine ganze Weile rumgelaufen sein, aber ohne ~~Kopf~~ und wie ein gerade geschlachtetes ~~Huhn~~.

Stunk auf dem Piratenschiff

Ausgesetzt auf der einsamen Insel! Hakenhand-Hugo hat trotzdem gute Laune. Hat es der Teufelskerl doch glatt geschafft, eine Schatzkarte von Bord zu schmuggeln. Denkt er. Was er aber in der Hand hält, ist nur ein Blatt aus dem Tagebuch von Säbel-Sammy.

Rah
segeltragendes Rundholz am Mast

Kielholen
Umlegen des Schiffes zur Reparatur, auch Bestrafung

Liebes Tagebuch,

musste gestern ~~meer~~ mehrmals auf die **Rah** klettern, und das bei heftigen Böen. Heute wieder brütende Hitze. Das Wasser in den Fässern riecht wie verschimmelte Graupensuppe. Kein Wunder, dass die Mannschaft nur Bier säuft. Würmer, Maden und Ratten machen sich über unser Essen her. Haken-Hugo, der Vollidiot, hat sich wieder mit dem Käpten gezofft. Soll auf der nächsten Insel ausgesetzt werden.

~~Apopo~~ Apropos Insel: Beim letzten Zwischenstopp hatte ich die ~~Arsch~~-Karte gezogen: Das Schiff wurde **kielgeholt** und ich musste Muscheln vom Rumpf kratzen. Bestimmt dürfen wir diesmal Ziegen schießen. Lecker – wenn es der **Smutje** in der **Kombüse** nicht wieder versaut. Gestern hat der verrückte Poco seine Schuhe gekocht und das Oberleder verspeist.

Beim Würfelspiel am Abend gab es eine Prügelei. Zum Glück hat unsereiner sein Geld schon in **Port Royal** verspielt. Vor dem Schlafengehen kräftige Winde – aus der Hängematte nebenan. Gute Nacht, Kameraden und ~~fiel~~ viel Glück, Haken-Hugo!

Smutje
Koch

Port Royal
Piratenhafen in der Karibik

Kombüse
Schiffsküche

Wenn einer zweimal den Kopf verliert

„Klar zum Entern, Männer!" – „Jawoll, Sir!" – „Wie lautet unser Motto?" – „Ein kurzes, aber fröhliches Leben, Kapitän!" Die Rufe hallen über den nächtlichen Kiesstrand. Selbst der Mond scheint eine Augenklappe zu tragen. Also alles ganz piratenmäßig. Bis auf die drei Landratten am Ufer des Baggersees – Protti, Riff Raff und Kuller. Echt peinlich, wie sie da herumhopsen. Am liebsten würde ich abhauen. Aber mein Onkel Kuller hat mich auf dem Moped mitgenommen, und zu Fuß ist es zu weit bis zur Stadt.

„Finger weg, Jan!", brüllt Riff Raff, als ich ihren Schatz betrachte. Einen Totenschädel, den sie auf eine Holzstange gesetzt haben. Der soll von Klaus Störtebeker sein, dem Schrecken der Hanse. Den Knochenkopf hat Protti angeblich in der Nähe des Hafens gefunden – dort wo Störtebeker, sein Kumpel Gödecke Michels und andere Likedeeler hingerichtet wurden. Vor über 600 Jahren. Ich glaub denen kein Wort! Bestimmt haben sie den Schädel auf dem Flohmarkt gekauft. Obwohl – alt sieht er schon aus. Dunkelbraun, und oben hat er ein Loch.

Einfach nur geklaut!
Störtebekers Schädel
zurück im Museum

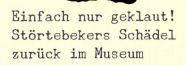

Klaus Störtebeker bekam von den Forschern ein Gesicht.

Am nächsten Tag habe ich die Sache fast vergessen. Bis zur Geschichtsstunde. Herr Meinard wedelt mit einer Zeitung und liest die Überschrift vor: „Störtebekers Totenschädel aus dem Museum gestohlen!" Ein Bild zeigt, worum es geht. Mir wird ganz flau im Magen.

Zu Hause hockt mein Papa in der Küche. Er arbeitet als Nachtwächter und frühstückt. Ich schenke ihm eine Tasse Kaffee ein. Dann erzähle ich ihm alles. Er lacht, bis ich Kuller erwähne. Auf seinen Bruder ist er nicht gut zu sprechen. „Doof wie Hundekacke", raunzt er und köpft sein Frühstücksei. „Wenn das stimmt, Jan ...", murmelt er plötzlich ganz versonnen. „Dann rede du mal mit ihm!", sage ich und verschwinde in meinem Zimmer.

Rocco plappert los

Der angebliche Störtebeker-Schädel wurde 2010 aus dem Hamburger Museum für Geschichte geklaut. Nach einem Jahr tauchte er plötzlich wieder auf. Vor Gericht standen schließlich drei heruntergekommene Burschen. Vielleicht hatten sie es auf die Kasse abgesehen und den Schädel mitgenommen. Oder sie wollten nur angeben. Der Polizei ist es bis heute ein Rätsel.

Nachts habe ich einen komischen Traum. Ich bin in einer Piraten-spelunke – „Zum rostigen Haken". Da nähert sich eine Vogelscheuche von Mann. Eine Kerze beleuchtet sein schmales Gesicht und seine struppigen Haare. „Vielen Dank, mein Junge – für meinen Kopf", flüstert er heiser und streckt seine knochige Hand aus. „Du hast mir meine Ehre zurückgegeben. Ich sag dir was: Ein Pirat darf seinen Kopf nicht zweimal verlieren. Niemals!" – „Hab ich doch gern gemacht, Klaus", antworte ich. Der Mann weicht einen Schritt zurück. „Klaus?", fragt er ungläubig. „Mein Name ist Gödecke Michels."

Zwei Tage später steht alles in der Sonntagszeitung. „Störtebeker zurück im Museum! Mittelsmann übergibt Schädel." Papa zwinkert mir zu. „Den Kuller hab ich mir mal vorgeknöpft." Er setzt den Kaffee-becher ab. „Und Klaus hat seinen schicken Schädel wieder", sagt er. „Klaus?", frage ich. „Da wäre ich mir nicht so sicher!".

> Wir lagen vor Madagaskar und hatten den Klaus an Bord ...

Marti meutert

Von wegen Störtebeker! Da suche ich im Internet nach dem erfolg-reichsten deutschen Piraten, und auf wen stoße ich? Richard Sievers aus Hamburg. Der wurde Kapitän, als es auf einem Schiff eine Meuterei gab. Er überfiel Pilgerflotten und Pfefferkoggen und lag 1686 vor meiner Insel: Madagaskar. Hat er etwa dieses Lied komponiert? „Wir lagen vor Madagaskar ..."

Totenschädel! Kanonen! Enterhaken!
Frederick befragt Käpten Jack

Käpten Jack: Frederick, willst du auch einen Piraten-Pass?

Frederick: Einen – was?

Käpten Jack: Alle Schönwetter-Piraten auf diesem Touristen-Kutter hier bekommen doch nachher so einen lächerlichen Papierfetzen. „Für Frederick, den Schrecken der Meere" und so. Mit Schatzkiste und Jolly Roger als Plastikfähnchen …

Frederick: Jolly Roger – die Piratenflagge! Wer hat die als Erster gehisst?

Marti meutert

Kaum hatte Kolumbus Amerika entdeckt, wurde die „Neue Welt" geplündert. Staaten wie Spanien, Portugal, Frankreich, Niederlande oder England transportierten die geraubten Schätze nach Europa. Mit dicken Handelsschiffen, auf die Piraten nur zu warten brauchten.

Dann haben die Piraten also genau das geklaut …

… was die Europäer vorher den Ureinwohnern geklaut haben. Genau!

Käpten Jack: Gute Frage. Man sagt, dass ein Kapitän mit dem Spitznamen Calico Jack zum ersten Mal ein schwarzes Tuch mit weißen Gebeinen hissen ließ. Vermutlich haben es Anne Bonny und Mary Read genäht – die Frauen, die bei ihm an Bord waren.

Welche Flaggen sind nicht echt?

Auflösung auf Seite 62

Frederick: Die beiden Frauen haben garantiert nicht genäht. Das waren die berühmtesten Piratinnen aller Zeiten!

Käpten Jack: Du merkst aber auch alles! Ich hoffe, dir ist etwas anderes aufgefallen. Die große Zeit von Calico Jack war vermutlich um 1720 herum. Das bedeutet …?

Frederick: Sag du's mir!

Käpten Jack: Dass die meisten eurer komischen Piratenfilme neu gedreht werden müssten. Jahrzehntelang fuhren sämtliche Piratenkähne ohne Jolly Roger. Weil er noch nicht erfunden war.

Frederick: Von mir aus … Aber Kanonen, Entermesser oder die Planke, über die alle Feinde gehen mussten – die gab es schon, oder?

Käpten Jack: Klar! Es gab noch andere Gründe, warum wir Piraten den Handelsschiffen überlegen waren. Unsere Schiffe waren schneller und wendiger. Mit den kleinen Schaluppen schlichen wir uns an und hängten uns dann mit Enterhaken an die dicken Handelsschiffe.

Frederick: Überraschungseffekt – und dann Mann gegen Mann!

Käpten Jack: Du sagst es. Kanonen waren das letzte Mittel. Wir wollten die Schiffe ja nicht versenken, sondern ausrauben. Jeder Kapitän hatte da eine andere Taktik. Einige zielten gerne unter die Wasserlinie, wo sie die Pulverkammer vermuteten. Ich bevorzugte eine saubere Salve auf die Takelage – also in die Segel. Ohne Segel konnten die Gegner nicht mehr manövrieren.

Frederick: Du hast bestimmt viele Seeschlachten gewonnen.

Käpten Jack: Was denkst du denn! Nur gegen Ende, na ja – ach, lassen wir das erst mal.

Rocco plappert los

Die tollsten Piraten habe ich in Büchern kennengelernt oder im Kino gesehen: Kapitän Flint, Kapitän Hook, Jack Sparrow oder Rackham der Rote. Leider vergesse ich immer wieder die Titel der Bücher und Filme. Kannst du mir helfen?

Auflösung auf Seite 62

21

Henry Morgans Wundarzt packt aus

Die unglaubliche Geschichte des Arztes Alexandre Exquemelin, der das wichtigste Piratenbuch aller Zeiten schrieb.

Nach drei Jahren ... ... holten ihn die Bukanier.

Er behandelte ...

... undankbare Streithähne ...

... und dankbare Kapitäne.

So erlebte er ungewöhnliche Abenteuer wie den Marsch auf Panama.

Nach einigen Jahren schreibt Alexandre Exquemelin ein Buch. Er zeichnet Seeschlachten und berühmte Kapitäne.

Henry Morgan hatte inzwischen Karriere gemacht. Dass seine früheren Verbrechen in einem Buch standen, fand er nicht witzig.

Natürlich lesen alle die Original-Fassung. Bis heute.

Rocco plappert los

Hoffentlich fehlen nicht die Stellen, in denen ich vorkomme! Ursprünglich hieß das berühmte Buch von Alexandre Exquemelin „Die amerikanischen Seeräuber". Henry Morgan setzte einen anderen Titel durch. Jetzt stand da: „Die unvergleichlichen Leistungen von Sir Henry Morgan. Befreit von den Fehlern des Originals." Der Text wurde also verfälscht.

Mau-Mau in der Hölle

**Freibeuter, Bukanier oder Pirat? Da blickt doch keiner durch.
Frederick und Käpten Jack fragen nach – in der Hölle**

**Sir Francis Drake
1540–1596, Freibeuter**

Käpten Jack: Hallo, Sir Francis Drake! Sie haben England vor den Spaniern gerettet. Die Königin hat Sie zum Ritter geschlagen. Was tun Sie also in der Hölle?

Drake: Ich komme nur zum Kartenspielen her. Als Ritter kann ich natürlich auch einen Platz im Himmel beanspruchen.

Frederick: Cool! Ein echter Freibeuter stand also der Krone nahe. In Ihrem Fall war das Königin Elisabeth I.

Drake: Die gute alte Betty! Für sie habe ich so manche Seeschlacht geschlagen. Die spanische Armada, ein Haufen von stinkenden Bücklingen, musste 1588 dran glauben.

Frederick: Und wie war das mit dem Kaper- oder Freibrief?

Drake: Den hat mir Ihre Majestät ausgestellt, um spanische Schiffe zu überfallen und für England reiche Beute zu machen.

Frederick: Hatten die Spanier auch berühmte Seeräuber?

Drake: Ist mir wurscht! Zwei Karten ziehen, Mister Morgan!

Frederick: Sie sind also der berühmte Henry Morgan – echt cool!

Henry: SIR Henry Morgan, wenn ich bitten darf. Obwohl ich diesen Titel erst spät erhielt. Da war ich schon Vizegouverneur von Jamaica.

Frederick: Erst Pirat, und dann Politiker? Wie ging das denn?

Henry: Bei mir war das ähnlich wie bei den Freibeutern. Ich war Bukanier und befehligte Schiffe, die anderen gehörten. Männern mit Einfluss.

Käpten Jack: Karten auf den Tisch, Sir Henry Morgan! Wer waren diese Männer?

Henry: Edelmänner – wie der englische Gouverneur von Jamaica. Der verdiente mit.

Frederick: Okay. Freibeuter und Bukanier waren also Auftragspiraten!

Henry: Besser als der da. Der hätte sogar seine Großmutter ausgeraubt. Eine Runde aussetzen, Rock!

Henry Morgan
1635–1688, Bukanier

„Bukanier" stammt von dem französischen boucanier ab. Man könnte es frei als „Grillmeister" übersetzen.

Rock Brasiliano
1630–1671, Pirat

Käpten Jack: Ich werd verrückt – Rock Brasiliano. Kam 1654 nach Port Royal und liebte – Grillfeste.

Rock: Ob Schwein, Spaniel oder Spanier: Mir war es egal, was sich am Spieß drehte.

Frederick: Oh. Verstehe. Äh, und Sie kommen also aus Brasilien?

Rock: Nee. Aus Holland. Kann ich weiterspielen? Ich habe eine Schiffsladung Gouda gegen Henry Morgan gewettet. Von wegen aussetzen – Mau-Mau!

Schon wieder eine Truhe. Das kommt mir spanisch vor …

Marti meutert

Ist dir aufgefallen, dass die Spanier die Lieblingsfeinde aller Piraten sind? Das hatte seinen Grund: Die Spanier plünderten die Kolonien der „Neuen Welt" am gründlichsten aus. Ihre Handelsschiffe waren ständig unterwegs. Prima Beute für die Piraten!

Einmal um die ganze Welt

Im Auftrag von Elisabeth I. umsegelt der Freibeuter Francis Drake die ganze Welt. Erst nach über 1000 Tagen erreicht er wieder die englische Heimat.

November 1577: Drake startet im englischen Plymouth mit fünf Schiffen.
April 1578: Nach der Fahrt über den Atlantik Ankunft im heutigen Brasilien. Drakes Leute treffen auf Indios und beschenken sie.
August 1578: Drake erreicht die Spitze Südamerikas und entdeckt Kap Hoorn. Ein Sturm wütet 50 Tage.
Februar 1579: Im Hafen von Callao vor Lima im heutigen Peru plündert Drake das spanische Schiff *San Cristóbal*.
März 1579: Erbeutung einer weiteren spanischen Galeone vor Panama. Drake segelt nach Norden und entscheidet sich für den Heimweg Richtung Westen über den Pazifik.
Juni 1580: Drake umsegelt das Kap der Guten Hoffnung an der Südspitze Afrikas, dann geht's weiter Richtung England.
September 1580: Zurück in Plymouth – mit nur einem Schiff, der *Golden Hinde*.

Nachgebaut! Die „Golden Hinde" des Sir Francis Drake unterwegs in London.

Der Untergang der Whydah

Ich glaub's nicht! Da stehe ich nun vor dieser Schiffsglocke und starre sie an wie ein kleiner Junge. Bei allen sieben Winden: Sie sieht so echt aus, dass ich meine, ihr Läuten zu hören. Ich beuge mich vor und lese das Schild.

Schiffsglocke der Whydah. Flaggschiff von Kapitän Black Sam Bellamy. Versunken in der Nacht vom 26. auf den 27. April 1717.

Sam Bellamy war ein guter Kapitän. Einer, der das Meer kannte. Kein Angeber. Die Whydah schipperte uns damals gewissermaßen vor den Bug – ein verdammtes Sklavenschiff. Drei Februartage lang verfolgten wir sie durch die Windward-Passage. Dann gab die Besatzung auf und wir schnappten uns den Vogel. Whydah heißt übersetzt nämlich „Paradiesvogel". Und im „Paradies" fühlten wir uns, als wir uns unter Deck umschauten: Rum, Rohrzucker, Luxuskram, dazu Gold und Silber von unvorstellbarem Wert. Die Whydah war gut in Schuss. Bellamy machte sie zu seinem Flaggschiff. Er kaperte einen weiteren Kahn und ich musste Kisten zimmern – für Zucker, blaue Indigofarbe und noch mehr Silber. Sorry – ich habe mich noch gar nicht vorgestellt: Mahagoni-Jack, Schiffszimmermann.

Ich schlendere weiter durch das Museum. Vor einem Ölschinken bleibe ich stehen. *„Der letzte Kampf der Whydah vor Cape Cod."* So steht es da. Unglaublich, wie dem Maler die jagenden Wolken gelungen sind – die Schaumkronen auf den Wellen – unser Schiff, das gegen den Sturm kämpft.

Der Hurrikan, der Bellamy die Rückreise zu seiner geliebten Mary vermieste, kam wohl direkt aus der Hölle. Wir stemmten uns dagegen, gaben alles. Vergebens. Der Sturm warf uns auf eine Sandbank wie ein Stück Treibholz. Ich trank das Fläschchen aus, das ich einer alten Karibik-Hexe abgeknöpft hatte, und sprang über Bord. Am Strand erwarteten mich schon die Soldaten. Den Kapitän und den Rest der Mannschaft hat das Meer verschluckt.

Verrückt. Nun stehe ich vor unserem Schatz, im Licht der Museumslampen und hinter Glas. *„Gold und Silber im Wert von 20.000 Sterling, eingelagert in Teak-Holz Kisten."*

Teak-Holz? Von wegen! Ich benutzte feinstes Mahagoni-Holz aus Bombay. Hat aber nichts gebracht. Der ganze Glimmer hier würde heute noch von Kraken bewacht werden, wenn – tja, nicht jemand jahrelang danach gesucht hätte. Der Typ, der dieses Museum aufgemacht hat.

Ich denke zurück an jenen Tag im April 1717. Natürlich wollte man mich hängen sehen. Doch ich zog den Kopf aus der Schlinge. Schließlich war ich kein Pirat, sondern ein einfacher Schreiner. Ich verließ das Land. Nach einigen Jahren wunderte ich mich, dass ich nicht älter wurde. Die karibische Hexe hatte einen wirklich guten Stoff zusammengebraut. Irgendwann habe ich dann gelesen, dass sie unser altes Schiff geborgen haben. Den Schatz, die Schiffsglocke und ein paar Kanonen. Und jetzt bin ich hier.

Am Ausgang entdecke ich noch ein Schild: *„Whydah-Museum sucht Schreiner mit Interesse für Piraten."* Klingt, als wäre das ein Job für einen unsterblichen Schiffszimmermann.

Marti meutert

Dingeling! Ein gewisser Barry Clifford hat die Schiffsglocke der Whydah gesucht und gefunden. Vom Schiff selbst war natürlich nicht mehr viel übrig. Dafür fand sich so einiges in Kisten und auf dem Meeresgrund. Barrys Museum zeigt rund 200.000 Ausstellungsstücke mit einem Wert zwischen 20 und 40 Millionen US-Dollar. Da hätte sich Black Sam wohl die Finger geleckt!

Expedition Piratenschatz!
Ein Taucher bewirbt sich

Erfahrener Taucher
für Bergungsarbeiten gesucht.

Erfahrung bei Expeditionen und geschichtliches Interesse setzen wir voraus. Bewerbungsschreiben, Zeugnisse und Lebenslauf

bitte an
Piratenschatzsucher AG,
Chiffre 97074

An die Piratenschatzsucher AG

Sehr geehrte Damen und Herren, mit großem Interesse antworte ich auf Ihre Anzeige. Sie möchten ein Piratenschiff bergen? Dann bin ich Ihr Mann.
Schon als kleiner Junge begleitete ich meinen Vater ins Museum und schaute mir alte Landkarten an. Dann – als Student der Archäologie – habe ich auf einem norddeutschen Forschungsschiff gejobbt. Meinen Tauchschein erwarb ich im Urlaub in der Karibik. Inzwischen habe ich Erfahrungen im Tief- und Höhlentauchen und verfüge über eine Ausrüstung für Unterwasserfotos.

Mitte der achtziger Jahre war ich für einige Wochen im Team des Amerikaners Barry Clifford und sah, wie er die erste Münze von der versunkenen Whydah in der Hand hielt. Am Meeresboden vor Cape Cod fotografierte ich Goldmünzen, uralte Handgranaten und einen Teekessel, in dem ein Knochen steckte.

Einige Jahre später tauchte ich nach der *Queen Anne's Revenge*, dem Flaggschiff von Kapitän Blackbeard, das man 1996 vor der Küste des US-Bundesstaates North Carolina fand. Dieser Mann war ein echter Teufel – wir fanden eine Mischung aus Bleischrot, Nägeln und Glasscherben, die seine Männer wohl mit Tüchern umhüllt und in die Kanonenrohre gestopft hatten.

Ein Schatz aus der Tiefe: ein Zinnteller aus einem 500 Jahre alten Wrack in der Ostsee.

Diesmal findet der Wracktaucher nur ein Fischerboot ...

Schau her, ein Papageientaucher!

Bei dieser Expedition lernte ich, den Meeresboden zu vermessen – mithilfe von Sonargeräten. Alle Daten werden an einen Computer an Deck übermittelt. Später sieht man auf einer Karte, wo die Gegenstände gefunden wurden. Übrigens: Schätze gab es nicht an Bord. Bevor das Schiff sank, brachte Blackbeard wohl alles in Sicherheit. Bestimmt ist noch geheim, nach welchem Piratenschiff die Piratenschatzsucher AG tauchen will. Geht die Reise vielleicht nach Haiti?

Handelt es sich vielleicht um ein Schiff aus der Flotte von Henry Morgan? Ich bin gespannt.

              In großer Vorfreude, Ihr Jens Rasmussen

Der Anker von Blackbeards „Queen Anne's Revenge" wurde 2011 geborgen.

Unbemerkt schleichen sich Piraten an.

Marys Kampfgeist gefällt Calico Jack, dem Piratenkapitän. Er nimmt sie auf sein Schiff.

Prima Piratenleben zu dritt! Doch dann kommen die Piratenjäger.

Die Piraten werden geschnappt und vor Gericht gestellt.

Wochen später sitzen die Frauen auf der Anklagebank.

Wie es mit „Mary-Anne" und ihren Kleinen weiterging, können wir nur vermuten.

Meuterei und große Kasse – So ging's bei den Piraten zu
Frederick befragt Käpten Jack

Frederick: Bestimmt gab's oft Zoff auf euren Schiffen, oder?

Käpten Jack: Ich sag mal so – der Wundarzt an Bord hatte viel zu tun. Wenn sich ein Streithahn nach einer Prügelei überhaupt nicht beruhigen wollte, wurde er auf einer Insel ausgesetzt. Das überlebten die wenigsten.

Frederick: Und der Kapitän – musste der auch dran glauben, wenn auf seinem Schiff gemeutert wurde?

Käpten Jack: Logisch! Die wenigsten Kapitäne hielten sich länger als drei oder vier Jahre. Dafür machten sie das meiste Geld. Nach einem Überfall wurden zuerst die Entschädigungen für Verletzungen ausbezahlt. Der Rest wurde nach einem bestimmten Schlüssel aufgeteilt – wenn der Kapitän ein anständiger Kerl war.

Frederick: Verstehe. Wurde auf deinem Schiff auch gemeutert?

Käpten Jack: Na ja – manchmal war die Stimmung einfach schlecht. Das Trinkwasser faulte, der Schiffszwieback verrottete und Schildköten waren nirgends in Sicht. Oder eine Krankheit wütete an Bord: Tropenfieber oder Skorbut. Es gab sogar Tote.

Die Piraten aßen, was sie im Meer fangen konnten – auch Schildkröten.

Frederick: Skorbut – hab ich schon mal gehört. Das kommt davon, wenn man zu wenig Vitamin C isst. Und was passiert dann?

Käpten Jack: Du kriegst hohes Fieber und … Dünnschiss … und noch so einiges. Eklig! Aber ich sagte meinen Männern immer: Schlimmer als bei der königlichen Marine kann's euch gar nicht gehen!

Frederick: Ich dachte, die Soldaten bei der Marine bekamen regelmäßig Heuer, also Geld?

Käpten Jack: Von wegen! Und schuften mussten sie für drei, weil die Marine nicht so viele Leute bezahlen wollte. Der Proviant war noch mieser – oft wurden verdorbene Sachen eingekauft. Kein Wunder, dass die armen Teufel in Scharen zu uns überliefen. Bei mir war das ungefähr ein Drittel der Besatzung. Ein weiteres Drittel waren ehemalige Sklaven, der Rest die alten Piraten. Von denen war selten einer älter als dreißig.

Frederick: Und die verrückten Klamotten hattet ihr von euren Beutezügen, oder?

Käpten Jack: Na klar. Manchmal überfielen wir auch Hafenstädte. Und plünderten bei den vornehmen Leuten den Kleiderschrank.

Frederick: Das war wohl das goldene Zeitalter der Piraterie.

Käpten Jack: Kannst du laut sagen. Dann ging den europäischen Staaten ein Licht auf. Wenn jeder jeden ausraubt und am Ende immer mehr Schiffe draufgehen, hat keiner mehr was davon. Auf einmal wurden Freibeuter oder Bukanier nicht mehr auf die Schiffe verfeindeter Regierungen angesetzt – sie wurden selbst zu Feinden erklärt. Und Piratenjäger wurden beauftragt. Mir hat man auch angeboten, die Seiten zu wechseln. Ich würde straffrei ausgehen, wenn ich meine ehemaligen Brüder bekämpfen würde.
Tja … Äh – sag mal, wärst du gerne dabei gewesen? In der Nähe eines berühmten Piratenkapitäns? Der noch berühmter ist als ich?

Frederick: Warum nicht? Aber bitte nicht bei diesem verrückten Kapitän Blackbeard.

Käpten Jack: Das hättest du eher sagen sollen.

Rocco plappert los

Ich war mal auf einem Piratenjäger.
Der Kapitän, William Kidd, war ein Unglücks-
rabe. Seine Auftraggeber hatten ihn übers
Ohr gehauen. Er hatte Schulden und wenig
Erfolg. Aus Verzweiflung wurde er selbst zum
Piraten. Schließlich wurde er gefasst und in
London hingerichtet. Man hängte seinen Kör-
per zur Abschreckung in einer Art Käfig auf.

Kapitän Blackbeards letzter Tag

Fast 300 Jahre zurück – schon bin ich mittendrin. Piraten rollen Fässer und rösten Schweine am Spieß. Ab und zu explodiert etwas mit lautem Knall. Blackbeard spielt mit dem Feuer. Da hinten thront er. Kaum zu glauben, er trinkt – Tee.

„Frederick", schreit Blackbeard und setzt die Tasse ab, „her mit dir." Er wickelt seine langen Haare um die knochigen Finger und durchbohrt mich mit seinen dunklen Augen. „Hör dich hier mal ein bisschen um, Junge. Könnte gut sein, dass sich Spitzel unter die Gäste gemischt haben." Ich kriege keinen Ton raus, nicke eifrig und verschwinde.

Marti meutert

Bei diesem Feuerteufel hätte ich es keinen Tag ausgehalten! Er zwang seine Mannschaft unter Deck und zündete beißenden Schwefel an. Er wolle alle auf die Hölle vorbereiten, sagte er. In einem Hafen plünderte er neun Schiffe und nahm Geiseln. Als Gegenleistung wollte er einen Koffer voller Medizin. Brutal und grausam war der Mann – so schlimm, dass man sich das kaum vorstellen kann.

Seit zwei Tagen ist das Fest vorbei. Weiß der Henker, warum der Bärtige nicht ausläuft. Ich schnappe mir ein Fernrohr und sehe, wie zwei schlanke Segler in die Bucht gleiten. Kriegsschiffe. Blackbeard hat recht gehabt – jemand hat unser Versteck verraten. Der Wind ist ungünstig, wir kommen nicht raus aus der Bucht. Zum Glück können die Piratenjäger auch nicht rein – wegen der Sandbänke. Aber am Morgen wird die Flut ihre Schiffe darüberheben.

Als die Sonne aufgeht – die Flut hat längst eingesetzt – erlebe ich Blackbeards Auftritt. Er trägt einen Schultergürtel mit sechs Pistolen. Den pechschwarzen Bart hat er mit schwarzen Bändern verlängert. Und unter seinem Dreispitz qualmt es wie im Fegefeuer. Wer Blackbeards Trick nicht kennt, dem schlottern bei diesem Anblick die Knie.

Tatsächlich – die Kriegsschiffe drehen ab. „Anker einholen", kommandiert Blackbeard. Und nimmt Kurs auf die Jäger. Kurz vor einer Sandbank wendet er und steuert sein Schiff durch eine schmale Fahrrinne. Jetzt folgen uns die Gegner. Aber nicht lange. Dann sitzen sie fest. Blackbeard lacht und gibt seinen Lieblingsbefehl: „An die Kanonen!"

Rocco plappert los

Der Piratenjäger Leutnant Maynard hat Blackbeard, den berüchtigten Piraten der amerikanischen Ostküste, zur Strecke gebracht.
Ich weine dem Schwarzbart keine Träne nach. Er soll sogar seinen Papagei angekokelt haben. Pfui, Teufel!

Treffer! Die erste Salve reißt ein dickes Loch in die Seite des ersten Kriegsschiffs. Vom anderen werden kleine Boote ausgesetzt. Die Soldaten flüchten. Wieder ist Blackbeard der Sieger. Jetzt können wir das zurückgelassene Schiff kapern. Denken wir.

Kaum sind wir an Deck, bricht die Hölle los. Die Soldaten haben sich unter Deck versteckt und gewartet. Jetzt beginnt ein Kampf – Mann gegen Mann. Ich fühle einen Schlag auf den Kopf und stürze in den Frachtraum zwischen die stinkenden Fässer. Als ich zu mir komme, stelle ich fest, dass eine unheimliche Ruhe herrscht. Blackbeard hat seinen letzten Kampf verloren.

2 Wir ziehen die Säbel und wir schießen aus dem Nebel –
wie ein bleiches Gespensterschiff.
Der Wind treibt uns an, wir kämpfen Mann für Mann –
unterm Wasser lauert das Riff.
Leute, macht Platz! Wir erbeuten den Schatz –
so viel Gold und Silber und Rum.
Hey – Schluss mit Raufen! Lasst doch das Saufen –
der Rum macht am Ende nur dumm.

Ref. Papageien schreien und die Planken schwanken,
unser Schiff auf gefährlicher Fahrt!
Hart wie Marmelade, Tätowierung an der Wade –
ich bin so gern Pirat.

3 Ich sitz hier am Strand mit der Schaufel in der Hand –
wo ist der verdammte Schatz?
Der Proviant geht mir aus und ich will nach Haus –
was für ein schrecklicher Platz.
Bin ich denn gleich tot? Schickt mir ein Boot –
das soll mein Ende nicht sein!
Ein so hartes Leben darf's nicht geben –
doch jetzt bin ich ganz allein.

Ref. Papageien schreien und die Planken schwanken,
unser Schiff auf gefährlicher Fahrt!
Hart wie Marmelade, Tätowierung an der Wade –
ich bin so gern Pirat.

4 Käptn Henry Morgan brachte uns nur Sorgen –
diese Leute waren echte Halunken.
Auch bei Störtebeker gab's nichts als Gemecker –
das hat uns gewaltig gestunken.
Ein Leben unter Deck, kein Platz und Rattendreck –
wo keiner den Himmel sieht.
Nun sitz ich armer Pinsel auf der einsamen Insel –
und sing mein Piratenlied.

Ref. Eine wilde Mähne und kaum noch Zähne und
stinkenden Seetang im Bart!
Das Holzbein zerfressen, vom Holzwurm gegessen –
ich wollt, ich wär kein Pirat.

Affenschwanz und Pfeffersack

Wer flucht am schönsten?

Wenn du Pirat spielst, darfst du fluchen wie ein waschechter Pirat.
In der Schule oder zu Hause lass es lieber sein. Kombiniere die folgen-
den Wörter – und du hast jede Menge tolle Piratensprüche auf Lager.

Verpisst euch, ihr ...   stinkenden   Schwertfischmaden!

Fresst eure fusseligen Bärte, ihr ...   abgewrackten   Weicheier!

Holzwürmer!   Rauf in die Wanten, ihr...   aufgeblasenen

verrotteten   Pickelbärte!

Teufelsschiff voraus, ihr ...   widerlichen

Über Bord mit euch, ihr ...   schlappen   Pfeffersäcke!

Schert euch zum Teufel, ihr ...   strunzbesoffenen   Schnapsnasen!

Klar zum Entern, ihr ...   blutrünstigen   Gurkennasen!

Hisst die Totenkopfflagge, ihr ...   puterroten

Affenschwänze!   Leinen los, ihr...   holzbeinigen

Aus euch mach ich Haifutter, ihr ...   Trottellummen!

Alarm auf dem Frachtschiff

Sechste Stunde. Unser Klassenzimmer liegt direkt unter dem Dach, hier staut sich die Hitze. Schlapp hängen wir über den Bänken. Herr Kernig, unser Lehrer, macht Wirbel: „Piraten findet ihr doch toll", sagt er. „Da gibt es einiges zu erfahren!" Wir nicken schwach.

Herr Kernig zeigt ein Bild. Männer auf einem Schnellboot. Verschlissene Uniformen und Stirnbänder wie Ninjas. Raketenwerfer und Maschinengewehre. Im Hintergrund ein fetter Tanker. „Macht euch doch mal Gedanken, ob diese Gangster da" – er zeigt auf das Bild – „etwas mit euren Piraten der Karibik gemeinsam haben." Unser schlauer Lennart meldet sich. „Wo wurde das Foto geschossen, Herr Kernig?" – „Gute Frage. In der Nähe vom Suezkanal. Man nennt die Gegend auch das Horn von Afrika."

Hausaufgabe! Als ich „Horn von Afrika" und „Piraten" in die Suchmaschine eingebe, ploppen jede Menge Fotos auf. Diese modernen Piraten sehen ärmlich aus.

Moderne Piraten – unterwegs vor der Küste des afrikanischen Staates Nigeria

Papa schaut mir über die Schulter. Er schreibt mir eine Adresse auf. „Mein Segelfreund Jürgen wurde mal von somalischen Piraten überfallen. Geh doch vorbei und lass dir was erzählen." Gute Idee! Jürgen hat eine Halbglatze und ist irgendwie nervös. Beim Reden läuft er ständig rum. „Ich hatte eine Kabine auf einem Frachtschiff. In der Nacht hörte ich den Alarm und ging vor die Tür. Ich dachte, vielleicht ist es ein Maschinenalarm. Hörte dann wieder auf. Am nächsten Morgen sah ich den Kapitän. Er war leichenblass."
Ich nehme alles mit meinem Smartphone auf.

Das Frachtschiff aus Hamburg wurde 2010 vor der somalischen Küste von Piraten überfallen.

Im Unterricht geht's hoch her. Das Thema hat keinen kaltgelassen. Katharina weiß, dass vor Kurzem Seeleute einer deutschen Reederei freigelassen wurden – vor der Küste Somalias.

Ich berichte von Jürgen und schließe mein Smartphone an. Es ist so still, dass man nur seine brüchige Stimme hört.

„Sie kamen in der Nacht. Mit Teleskop-Enterhaken hangelten sie sich die Bordwände hoch. Ein Trupp besetzte die Kommandobrücke und zückte Maschinenpistolen. Der zweite Trupp zwang den Kapitän, den Schiffssafe zu öffnen. Der dritte raubte die Mannschaft aus. Mich haben sie zum Glück nicht bemerkt."

„Und", fragt Herr Kernig am Ende der Stunde. „Was unterscheidet die modernen Piraten von den Herren der sieben Meere?" Lennart ist wieder der Erste. „Bei den modernen Piraten gibt es keine berühmten Kapitäne", sagt er. Jetzt ist Katharina dran. „Die Menschen in Somalia sind bitterarm", sagt sie und macht ein trauriges Gesicht. „So arm, dass ihnen gar nichts anderes übrig bleibt, als kriminell zu werden." – „Da ist was dran", sagt Herr Kernig. „Aber meist steckt eine Art Mafia hinter den Überfällen. Die Chefs organisieren alles und machen sich nicht die Finger schmutzig."

„War das nicht früher auch so?", frage ich. „Viele Piratenkapitäne hatten Kaperbriefe und raubten auf Befehl anderer. Manche sogar im Auftrag ihrer Regierung!" – „Das ist hoffentlich inzwischen anders", sagt Herr Kernig. „Schluss für heute." Bei den modernen Piraten gibt es keine Helden, denke ich beim Rausgehen. Nur Verlierer.

Training für den Ernstfall, Piratenabwehrkampf mit Stöcken und Wasserstrahl

Käpten Jack lüftet sein Geheimnis
Frederick erfährt die Wahrheit

Käpten Jack: Du siehst, Piraten gibt es heute noch.

Frederick: Aber die sind komplett anders als die Piraten des Goldenen Zeitalters. Übrigens – du wolltest mir doch noch erzählen, wie es dir ergangen ist.

Käpten Jack: Stimmt. Dann werde ich mich erst mal richtig vorstellen: George Anson, Spitzname Käpten Jack. Ich war eine ganz große Nummer. 1742 hatten die Spanier immer noch die meisten Kolonien in der Neuen Welt von Amerika. Der englische König wollte was vom Reichtum abhaben und schickte mich mit Schiffen los.

Frederick: Wahnsinn! Bestimmt bist du um die halbe Welt gesegelt.

Und ich heuer auf dem nächsten Kutter an, der mich nach Madagaskar bringt. Ahoi, Kameraden, ahoi, ahoi!

Käpten Jack: Leider mit schweren Verlusten. Die meisten Schiffe verlor ich durch Sturm, Schiffbruch und Meuterei. Viele meiner Leute starben an Skorbut und anderen Krankheiten. Es war die Hölle.

Frederick: Wie war das, als du wieder in London ankamst?

Käpten Jack: Ich hatte Glück im Unglück. In letzter Sekunde kaperten wir ein spanisches Schiff mit märchenhaft viel Silber. Ich wurde gelobt und zum Marineoffizier ernannt.

Frederick: Hey – dann warst du ja auf der anderen Seite!

Käpten Jack: Was heißt das schon, mein Junge! Ob Freibeuter, Bukanier oder Admiral: Geraubt und betrogen haben wir doch alle. Übrigens – hörst du, was ich höre?

Frederick: Das kindische Gejohle da oben an Deck?

Käpten Jack: Na los, geh schon zu deinen Freunden, du anhängliche Landratte! Und denk mir immer an den alten Käpten Jack!

Rocco plappert los

Übrigens: Diesen Kapitän George Anson gab es wirklich. In England ist er so bekannt, dass man Schiffe nach ihm benennt und Bücher über ihn schreibt. Eines heißt: „Der letzte Pirat der britischen Krone". Ich bin übrigens der letzte Piraten-Papagei.

Die berühmtesten Piratenkapitäne

"Pirat voraus, Käpten Klaus!"

Antike Piraten wie Wokou (China) und Peirates (Griechenland)
... machten schon vor Christus die Meere unsicher.

1492 Kolumbus entdeckt die „Neue Welt": Amerika.

1577 Francis Drake umsegelt die Erde.

Als das goldene Zeitalter der Piraterie gelten die Jahre zwischen 1690 und 1730. Das war die Zeit von Käpten Blackbeard.

KLAUS STÖRTEBEKER
ca. 1360 – 1401

Ca. 15. Jahrhundert

Piraten in Nord- und Ostsee (Likedeeler) wie Klaus Störtebeker ... beraubten die Schiffe der Hanse.

Barbaresken wie die Barbarossa-Brüder ... waren die Schrecken des Mittelmeers.

Wokou

Ca. 16. Jahrhundert

Freibeuter mit Kaperbriefen wie Francis Drake ... überfielen meist spanische und portugiesische Schiffe.

FRANCIS DRAKE
1540 – 1596

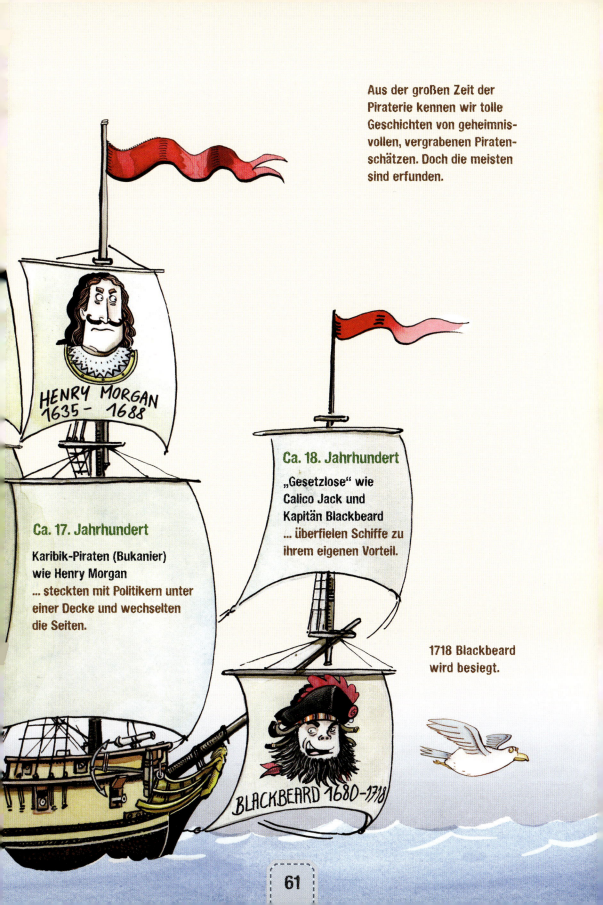

Aus der großen Zeit der Piraterie kennen wir tolle Geschichten von geheimnisvollen, vergrabenen Piratenschätzen. Doch die meisten sind erfunden.

HENRY MORGAN 1635 – 1688

Ca. 17. Jahrhundert

Karibik-Piraten (Bukanier) wie Henry Morgan ... steckten mit Politikern unter einer Decke und wechselten die Seiten.

Ca. 18. Jahrhundert

„Gesetzlose" wie Calico Jack und Kapitän Blackbeard ... überfielen Schiffe zu ihrem eigenen Vorteil.

1718 Blackbeard wird besiegt.

BLACKBEARD 1680–1718

Martis Museumstipps

Hamburg Museum. Mit Original-Piratenschädel – der ist jetzt gut gesichert!
www.hamburgmuseum.de

„Piratenamüseum" Wilhelmshaven. Neben Störtebeker geht's auf „amüsante" Weise auch um andere Schrecken der sieben Meere.
www.piratenmuseum.com

Störtebeker Festspiele, Insel Rügen. Ein Freiluftspektakel mit Schiffen, Kostümen und reichlich Feuerzauber.
www.stoertebeker.de

Whydah Pirate Museum, USA. In Provincetown im US-Staat Massachusetts dreht sich alles um die Fundstücke aus der gesunkenen Whydah.
www.whydah.com

Piratenmuseum Nassau, Bahamas. In der Hauptstadt der Bahamas kannst du an Bord der „Revenge" gehen, ohne seekrank zu werden.
www.pirates-of-nassau.com

Auflösungen

Seite 9:
Falsch sind: Fallschirm, Schlauchboot, Schwimmring, Walkie-Talkie, Einkaufswagen, Gyros, Taschenlampe, Laserschwerter.

Seite 20:
1. Thomas Tew
3. Calico Jack
4. Blackbeard

Die Flaggen Nr. 2 und 5 sind nicht echt.

Seite 21:
Kapitän Flint – Die Schatzinsel (Buch)

Kapitän Hook – Peter Pan (Buch und Film)

Jack Sparrow – Piraten der Karibik (Film)

Rackham der Rote – Tim und Struppi (Comic/Film)

Zum Zeitpunkt der Drucklegung wurden die im Buch angegebenen Internetadressen auf ihre Richtigkeit hin überprüft. Adressen und Inhalte können sich jedoch schnell ändern. So können Internetseiten für Kinder ungeeignete Links enthalten. Der Verlag kann nicht für Änderungen von Internetadressen oder für die Inhalte auf den angegebenen Internetseiten haftbar gemacht werden. Wir raten, Kinder nicht ohne Aufsicht im Internet recherchieren zu lassen.

Bildquellennachweis

picture-alliance/The Advertising Archives: S. 7; picture-alliance/chromorange/M. DeFreitas: S. 35 unten links; picture-alliance/dpa/Marcus Brandt: S. 15; picture-alliance/dpa/epa Esiri: S. 55; picture-alliance/dpa/Maurizio Gambarini: S. 16; picture-alliance/dpa/Reederei Komrowski: S. 56; picture-alliance/dpa/Andreas Wrede: S. 57; picture-alliance/landov/Robert Willett: S. 36; picture-alliance/WILDLIFE/B. Cole: S. 43; picture-alliance/World Pictures/Photoshot/Peter Phipp: S. 29; picture-alliance/ZB/Jens Büttner: S. 35 Mitte rechts; picture-alliance/ZB/Daniel Gammert: S. 42; picture-alliance/ZB/Stefan Sauer: S. 11.

1. Auflage 2014
© Arena Verlag GmbH, Würzburg 2014
Alle Rechte vorbehalten
Umschlagtypografie: knaus.büro für konzeptionelle und visuelle identitäten, www.e-knaus.de
Illustrationen: Derek Roczen
Grafische Reihengestaltung: Punkt und Komma, Claudia Böhme
Innengestaltung und Satz: Gabine Heinze/TOUMAart
Gesamtherstellung: Westermann Druck Zwickau GmbH
ISBN 978-3-401-60016-1

www.arena-verlag.de

Volker Präkelt
BAFF! Wissen

Zicke, zacke, Dinokacke!
Was die Forscher in Riesenhaufen finden und was sie über die schrecklichen Echsen wissen
978-3-401-06776-6

Mensch, Mammut!
Warum der Koloss ein dickes Fell brauchte und was die Ötzi-Forscher vermasselt haben
978-3-401-06778-0

Guck nicht so, Pharao!
Warum Mumien oft beklaut wurden und was die Archäologen über das alte Ägypten herausfanden
978-3-401-06779-7

Lass die Lanze ganz, Lancelot!
Von rüstigen Rittern, lästigen Läusen und warum die Drachen frei erfunden sind
978-3-401-06836-7

Platz da, Pluto!
Was alles im Weltraum abgeht und warum wir nicht in Schwarze Löcher fallen sollten
978-3-401-06837-4

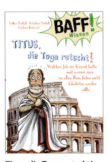

Titus, die Toga rutscht!
Welchen Job ein Konsul hatte und warum man im alten Rom lieber nicht Gladiator werden sollte
978-3-401-06860-2

Ach, du lieber Gott!
Warum wir Sehnsucht nach dem Glauben haben und warum es unterschiedliche Religionen gibt
978-3-401-06777-3

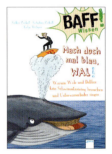

Mach doch mal blau, Wal!
Warum Wale und Delfine kein Schwimmtraining brauchen und Unterwasserlieder singen
978-3-401-06872-5

Arena

Die Hörbücher erscheinen bei Audio Media

Jeder Band:
64 Seiten • Gebunden
Mit Fotos und farbigen Illustrationen
www.arena-verlag.de